故宫国宝讲故事

左远波 主编

王莹 改编

吉林出版集团股份有限公司
全国百佳图书出版单位

图书在版编目（CIP）数据

故宫国宝讲故事 / 王莹改编． -- 长春：吉林出版
集团股份有限公司，2023.2
（大故宫里的小故事 / 左远波主编）
ISBN 978-7-5731-2443-2

Ⅰ．①故… Ⅱ．①王… Ⅲ．①故宫－少儿读物 Ⅳ.
① K928.74-49

中国国家版本馆 CIP 数据核字 (2023) 第 016986 号

★ 本系列图书由阎崇年先生授权改编自《大故宫》(长江文艺出版社)；
书中照片除特殊注明外，均由作者提供。

大故宫里的小故事
GUGONG GUOBAO JIANG GUSHI

故宫国宝讲故事

主　　编：左远波		责任编辑：金佳音　孙　瑶	
改　　编：王　莹		封面设计：有乐儿	
出版策划：齐　郁		版式设计：云尚图文	
项目统筹：郝秋月		插　　画：TUGEN	
选题策划：金佳音		插画助理：哈哈小子	

出　　版：吉林出版集团股份有限公司
　　　　　（长春市福祉大路 5788 号，邮政编码：130118）
发　　行：吉林出版集团译文图书经营有限公司
　　　　　（http：//shop34896900.taobao.com）
电　　话：总编办 0431-81629909 营销部 0431-81629880/81629881
印　　刷：天津融正印刷有限公司

开　　本：710mm×1000mm　1/16
印　　张：7
字　　数：80 千字
版　　次：2023 年 2 月第 1 版
印　　次：2023 年 2 月第 1 次印刷
书　　号：ISBN 978-7-5731-2443-2
定　　价：55.00 元

印装错误请与承印厂联系　电话：13910128107

人物介绍

年年

　　一个对故宫的故事非常感兴趣的小男生，只可惜总是跟不上小米粒和阎爷爷轻快的步伐。

小米粒

　　一个小小的"历史迷"。她最爱与"故宫万事通"阎爷爷和可爱的小伙伴年年一起逛故宫。

阎爷爷

　　一位德高望重的明清史专家，他熟悉故宫的每一个角落。

目录

在故宫里逛了这么一大圈，我发现好像无论大殿堂还是小屋子，在最显眼的地方总会挂着那么一块写着大字的牌匾。这些字都是谁写的呢？

匾额的故事

紫禁城里的匾额成百上千，每块匾都有自己的故事。

"避暑山庄" 匾额

在中国，匾额与建筑之间有着非常紧密的联系。东汉时期的许慎在《说文解字》中说过："匾，署也，从户册。户册者，署门户之文也。"也就是说，匾额至少早在东汉时期就已经作为建筑的标识用了。

就像人一样，建筑也有自己的名称，高高悬挂在建筑物外面的匾额最重要的功能就是标示建筑物的名称，告诉来到这里的人，这栋建筑是"谁"。为匾额题字的人有时也是为建筑物"取名字"的人，他通过取名字，将自己的愿景寄托在这栋建筑物上。而匾额就像建筑物的名片，有了它，建筑物仿佛得了精气神，变得与众不同。

在紫禁城中，我们不仅能在建筑物外面看到匾额，在殿堂内也总是能看到题着大字的匾额，殿堂内的匾额起到表达愿景的作用。很多宫殿内的匾额都是由皇帝御笔亲题，反映出皇帝的政治主张和治国理想。很多匾额配有楹联，匾额和楹联还起到了重要的装饰作用，令殿堂金碧辉煌，气势恢宏。

"无为"不是"什么都不干"

交泰殿内"无为"匾额

　　乾隆年间，紫禁城中进行了大规模的宫殿修缮，所以我们今天到故宫去，会看到很多匾额都出自乾隆皇帝之手。但交泰殿中的"无为"匾额并不是乾隆皇帝原创，而是他临摹祖父康熙皇帝所题。"无为"的意思并不是"什么都不干"，而是体现着道家"遵循自然之道"的思想，康熙皇帝御题这两个字，就是为了告诫自己和后代的帝王，要顺应天意、体恤民情，才能天下和谐。

太和殿的"建极绥猷"匾

太和殿内"建极绥猷"匾额

太和殿作为紫禁城中等级最高的建筑物，通常用来举行盛大的典礼。在殿堂中皇帝宝座的正上方，悬挂着一块乾隆皇帝御题的匾额，上面写着"建极绥猷"四个大字。这四个字出自《尚书》，意思是说，做一朝天子，要承担上体天道、下顺民意的双重使命，这是历朝历代皇帝的治国理想。

不过，我听说，我们今天在太和殿里看到的这块匾额并不是乾隆皇帝御题的那块，因为 1915 年袁世凯妄图称帝的时候，曾想在太和殿登基，于是把匾额、楹联和宝座都撤掉藏到其他地方去了。后来，故宫博物院的文物专家根据历史照片，费了很大力气才将匾额和楹联成功复制，呈现在我们眼前。

乾清宫内景

最有故事的"正大光明"匾

在故宫六百年的风风雨雨中，很多宫殿都因为各种原因改过名字，但乾清宫并不在其中。从明永乐十八年（1420年）建成起，直到六百年后的今天，它一直叫这个名字。

明清两代，有十六位皇帝曾以乾清宫为寝宫。即使后来从雍正帝到宣统帝这八位皇帝不住在乾清宫了，这里仍然是皇帝的正宫，供皇帝读书学习、批阅奏折、召见官员、举行宴会。这真是一座非常重要的宫殿！

我们今天来到乾清宫，第一眼一定会被那块高悬于宝座之上的巨大匾额吸引，那就是清代顺治皇帝御书的"正大光明"匾。"正大光明"四个字源自《周易》，顺治皇帝通过这四个字，传达了帝王无论做人还是治国，修身还是修心，都要做到顺应自然、表里如一、正大光明的政治愿景。

顺治皇帝

8

顺治帝与"正大光明"

顺治帝是清朝入关、将都城迁到北京后的第一位皇帝。从顺治帝开始，清朝才从地方政权成为统治全国的王朝。

顺治帝的父亲皇太极来自东北森林，母亲孝庄太后则来自西北草原。六岁时，他在以农耕文化为主的中原地区——北京登极称帝，因此他的政治理念汇集了森林文化、草原文化和农耕文化，这种多元文化的融合正体现在"正大光明"这四个字中。

顺治帝题写这四个大字后，他的儿子康熙帝曾将其摹拓下来刻在石头上，后来乾隆帝再次临摹，才制成了我们今天看到的乾清宫里高悬的匾额。

从雍正帝起，决定哪位皇子继承皇位的"秘密立储匣"（又称"秘密建储匣"）就被藏在这块匾的后面。于是，围绕着这块匾发生的故事，被人们讲了几百年……

秘密立储匣

真头疼——让谁来当皇帝呢？

在封建制度中，皇权是国家最高的权力，所以在宫廷中经常发生争夺皇位继承权的斗争。

从几千年前的先秦时期起，君位就开始采取"兄终弟及"和"父死子继"的传承方式。中国历史上第一个自称皇帝的人是秦始皇，他向来以"铁腕"著称，可他正是因为没有制定合理的皇位继承制度，结果辛苦打下的江山，毁在了儿子胡亥手里。

明朝皇位继承的规则是"嫡长子继承制"，也就是由皇后的大儿子来继承皇位和皇家财产，这种制度早在西周时期就有了。不过，嫡长子看似地位稳固，实际上很危险，既不能太平庸，也不能太厉害，否则都可能招致祸端。

清朝对嫡长子继承制进行了一定的反思，决定不采用嫡长子继承制来传承皇位。但究竟怎样才能选一个最合适的人来当皇帝的接班人呢？真是让人伤脑筋哪！

梳理一下，清朝在皇位的继承方法上，大概经历了四个时期。

·贵族公推制。由亲王、大臣等皇亲贵族共同商议，

康熙时期的"皇太子宝"

认真讨论，推选出合适的皇位继承人。比如努尔哈赤、皇太极、顺治帝，都是由贵族公推登上皇位的。

·皇帝遗命制。从顺治帝开始，皇位继承的制度改成了遗命制，由皇帝在临终前决定继承人选。但这样一来，其他的王公大臣就没法参与决策了。康熙帝临终前做了个"民意调查"，请大学士、尚书等朝臣发表了意见，最后才决定由雍正帝继承皇位。

·秘密立储制。雍正帝总结出了册立皇太子的坏处，因此决定采用秘密立储制。在生前就确定皇位继承人，但是不公开宣布。

·懿旨定储制。这指的是慈禧太后一个人决定由谁来继承皇位。这样的立储方式当然会存在问题啦！

匾额与皇位

你好，我就是高悬在紫禁城乾清宫中的那块"正大光明"匾额！

关于我的故事，想必你已经听说过不少了吧！不过我猜，多半都绕不开雍正帝创制的"秘密立储"的故事。

你问我"秘密立储"到底是怎么回事？其实，就是皇帝在位时经过多方考察，决定哪位皇子继承皇位，就把这位皇子的名字写好，装在匣子里，然后放到我的身后。等到这位皇帝驾崩以后，大臣们就来到乾清宫，取下这只匣子，然后当众打开，宣布由谁来做新皇帝。

为什么我就成了这块重要的匾额呢？关于这个问题我也曾经思考过一番。我想，大概因为乾清宫是皇帝常来的工作场所，而我就高高地悬挂在龙椅正上方，很少有人能在不为人知的情况下从我的身后取走立储匣，所以这里是全紫禁城最安全、最适合存放秘密立储匣的地方了。

就这样，乾隆帝在雍正帝驾崩后继承了皇位。雍正帝之后，有三位皇帝都曾采用过秘密立储的方法：乾隆、嘉庆和道光。不过，乾隆帝提前揭晓了谜底，他当着大家的面，亲自打开了匣子，向大家宣布由嘉庆帝来继承皇位。嘉庆帝也没有把这个神秘的小匣子藏在我的身后，大家后来是在他的随身太监那儿找到秘密立储匣的。

所以，严格地说，只有雍正帝和道光帝曾把秘密立储匣藏在我身后，等到驾崩后才取下来宣布皇储。可是，我一直很疑惑：用这样的立储方式，真的能让最合适的人来当皇帝吗？

扫码领取

★ 故宫奇妙之旅
★ 神奇的脊兽
★ 云游博物馆
★ 国宝档案册

清朝为什么输了？

原来，将秘密立储匣放在"正大光明"匾额后，等皇帝驾崩再当众宣布皇储人选的事情，历史上只发生过一次！

很显然，这种立储方式存在缺陷。因为用这样的立储方式，只由皇帝一个人做出选皇储的决策，缺少其他人的意见和建议，也就无法更全面地考察和衡量人选是否合适。比如道光皇帝用"秘密立储"的方式在奕䜣和奕訢之间选择了缺乏智谋、勇气和责任感的长子奕䜣——也就是后来的咸丰帝，国家在危难关头他签下了很多丧权辱国的条约，背上了千古骂名。

咸丰皇帝像

在清王朝后期，世界上有的地方正在快速发生着翻天覆地的变化。来看看当时其他国家的著名领袖都有谁吧！

美国：林肯（1809—1865），鞋匠的儿子，自学成为律师，后来当选为美国第十六任总统，平定南方叛乱，推翻奴隶制度，促进了美国和平与统一。

法国：拿破仑·波拿巴（1769—1821），法兰西第一帝国的缔造者，于1804年12月2日加冕称帝，把共和国变成帝国，颁布《拿破仑法典》（如今多称《法国民法典》），是资本主义国家最早的一部民法典，对许多国家的民事立法都有很大影响。

德国：俾斯麦（1815—1898）通过三次王朝战争统一德意志，推行铁血政策，被誉为"铁血宰相"。

俄国：亚历山大二世（1818—1881），废除俄国农奴制度，进行多方面的社会改革，使俄国经历了一个"大改革时代"。

英国：维多利亚女王（1819—1901），当政期与慈禧太后同时，在英国实行首相制、国会制。

作为一国统治者，应该开明、睿智。而清朝后期的皇权高度集中，当政的皇帝或太后却很平庸，这是当时清朝在国际竞争中趋于落后的原因之一。

如今，高高悬挂在乾清宫的"正大光明"匾额，似乎在时时提醒着我们，要富强、民主、文明、和谐，才能在世界的舞台上尽情展现中华文明的巨大魅力。

如果你是皇帝，你会用哪种方式来确定继承皇位的人选呢？请把答案写下来吧！

紫禁城报时中心

> 古人又没有闹钟，作息起居究竟靠什么知道时间呢？

　　动动你的小脑瓜仔细想想，我们在故宫游览时，曾经看到过不止一处地方有标示时间的东西呢！这个东西的名字由两个字组成。不过，它用起来还是有些不方便。明清时期紫禁城宫廷中的"报时中心"还是值得我们好好了解一下的！

时间之间

如果你来到故宫游览，可以看到很多宫殿门口都设有日晷。"日晷"这个词的意思就是"太阳的影子"，顾名思义，这是一种通过太阳投影的长短、方向来测定时间的设备。在三千多年前的周朝，日晷就已经被我们的祖先用来指示时间了。而且令人觉得神奇的是，全世界很多拥有古老文明的地方都用过日晷。不过，日晷有一个致命的缺点：没有阳光的时候——比如阴天和夜晚，它就没办法告诉人们时间了！

太和殿前的日晷

最古老的计时器

土圭（也叫"圭表"）是我国最古老的计时器。其实它的原理非常简单，就是将一根竿子立在地上，然后人们通过观察它的影子来确定时间。早在四千多年前的陶寺遗址时期，我国中原地区就已经开始使用土圭。到了汉代，人们已经可以用土圭确定二十四节气。但是，和日晷一样，土圭的使用也会受到条件的限制。

所以，聪明的古人发明了一种更妙的东西——铜壶滴漏。这种更妙的东西，如果你想亲眼看看，可以到交泰殿去，那里曾是紫禁城的报时中心。

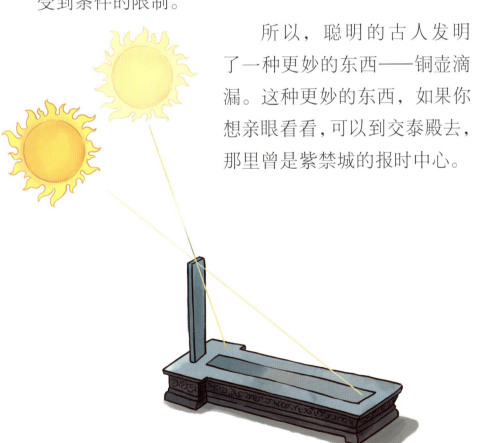

水壶漏水了，也不一定是坏事

人类会制造、使用陶器后，发现陶土容易漏水，这常常让人觉得很头疼。但这不一定是件坏事，因为人们由此发现，一旦陶器漏水，那么水面下降的程度就能跟过去的时间产生对应的关系，我们聪明的祖先就这样制成了专门用于计时的漏壶。

漏壶计时的办法很早就已经产生了，而最早关于漏壶计时法的记载，则见于《周礼》。

《周礼》是西周时期（约三千年前）的思想家、文学家、军事家周公旦所写的一部记录当时政治制度的经典之作。这部经典曾记录了那时候专门掌管漏壶计时的官职，这个官名叫"挈壶氏"，意思就是"管壶的官"，他有好几个手下，有负责给壶里添水的，有负责晚上用火照亮观察箭上刻度的，还有冬天负责给水加温以防冻结的……分工协作，各司其职。挈壶氏是世袭制的，也就是说，"管壶的官"绝不是一般人想当就能当的。由此可见，我们的祖先在三千年前就已经开始很有效地使用这种方法来计量时间了，而且对于准确计时十分重视。

不守时的庄贾

　　《史记》中记载着一个故事。春秋末期，燕国和晋国都在进攻齐国，于是齐景公任命司马穰苴为大将，庄贾为监军，前去讨伐入侵者。司马穰苴与庄贾约定，第二天正午集合，领兵出征。

　　第二天，司马穰苴早早准备好计时用的漏壶，等着正午时分与庄贾会和。结果庄贾根本没有把与司马穰苴的约定放在心上，一直跟前来送行的亲戚朋友喝酒。司马穰苴几次派人去庄贾家里催促，庄贾都敷衍说"马上就到"。结果眼看着太阳已经西沉，庄贾才醉醺醺地来了。司马穰苴叫来军法官，问道："按照军法，如果将领不守时，应当如何处置？"军法官说："应当斩首。"庄贾一听，赶紧派人去找齐景公求救。可司马穰苴不等派去的人回来，便就地正法，将庄贾斩首以示三军，将士们都很服气，再也没有谁敢不守时了。

漏水壶分两种，一种是"泄水型"，采用的是"水漏箭沉"的办法，也就是壶中的箭舟随着水面下降而下沉，人们通过观察箭头的位置来确定当时处于一天中的什么时刻；还有一种是"受水型"，也就是用另一只水壶接着漏水壶漏下的水，以箭舟上浮所指示的刻度来确定时刻。

从汉代的《田漏图》中，我们可以看到，当时已经采用"受水型"的漏壶来计量时间了。箭舟的刻度分"子、丑、寅、卯、辰、巳、午、未、申、酉、戌、亥"12个时辰，每个时辰相当于今天的两个小时。同时，人们还将一天分为100刻，一刻相当于今天的14分26秒（清代以后，又改为96刻，一刻钟相当于今天的15分

钟）。"时刻"一词正来源于漏壶的刻度。后来，机械钟表传入我国，人们便用"大时"称呼漏刻的时辰，而"小时"就是指钟表时针走一周的时间。

后来，人们还用过水银和沙子来代替水，制造出了"水银滴漏"和"五轮沙漏"。北宋时的苏颂则发明了"水运仪象台"，这是一种以水力为动力的半机械时钟，也是世界上最古老的天文钟，甚至可称为一座小型天文台。

这些重要的发明创造凝聚着我们祖先的智慧，而其中的灵感也正来源于漏壶计时。

苏颂发明的水运仪象台以漏刻为基础，加上了擒纵装置，这样，流水的运动就能成为运动和停歇周期相同的等间歇运动，由此产生的动力能让整台仪器运转均匀。整套仪器采用了水车、筒车、凸轮、天平秤杆等机械原理，水可以循环利用，仪器持续运转，既能观测天文现象，又能将其演示出来，还能定点报时，成为一部自动化的天文台。

扫码领取

★ 故宫奇妙之旅
★ 神奇的脊兽
★ 云游博物馆
★ 国宝档案册

由于漏壶计时的方法不断被改良，变得越来越精准，所以这个好办法一直沿用到明代。据《元史·顺帝纪》记载，元代有一套宫廷漏壶，设计非常精密复杂，在漏水壶外面有精美的木匮，抱箭小人也十分精巧，还有能敲钟打钲报时的金甲小人，每逢子时、午时，还有六个飞仙能移动、过仙桥、过圣殿，然后回到原来的位置。这样一套计时设备，即使放在今天，也会令人叹为观止，在当时，这更是最先进的计时宫漏了！

可惜的是，元顺帝这位"鲁班天子"虽然木匠做得不错，皇帝却做得不怎么样，最终被赶下宝座，逃到蒙古大漠中去了。明代朱元璋登上皇位后，命人将这座精美的宫漏毁掉了。

元代铜壶滴漏（中国国家博物馆藏）

今天，在北京故宫的交泰殿里，我们仍然能看到一座非常精美的大型铜壶滴漏。这座铜壶滴漏造于清代乾隆十年（1745 年），高超过五米，分三节，由五个铜质壶组成。

正面的三个上敞下收的方形铜壶总称"播水壶"，从上到下依次叫作"日天壶""夜天壶""平水壶"。平水壶前方的圆筒叫作"受水壶"，也就是用来承接上层流下的水的壶，平水壶后下方还有"分水壶"，用来收集多余的水。受水壶壶盖上，有一个非常精美的铜人，它怀中抱着刻漏箭，箭身上刻有 12 个时辰和 96 刻，箭下是铜鼓形箭舟。受水壶中的水一涨，箭舟就会浮起来，同时箭身上的刻度就会发生变化。当受水壶装满了，漏箭也就浮到头了。

这座铜壶滴漏诞生的时候，自鸣钟已经从西洋传入中国了，所以它在当时只是礼器，不再真正发挥计时的作用了。

交泰殿内的铜壶滴漏

滴滴答答，钟表来了！

在 14 世纪的欧洲，意大利科学家东蒂发明了第一台机械打点钟，每天的误差大概在 15～30 分钟。16 世纪，同样来自意大利的伽利略通过观察一盏悬灯的摆动，发现了物体摆动的规律，他进行了许多试验，发明了单摆。到了 17 世纪，荷兰科学家惠更斯把单摆的原理引入钟表制造，发明了摆钟，后来他又发明出了以弹簧校准时间的钟表，取代了钟摆。欧洲的机械钟表技术在不断地发展着。

而在明朝万历年间（1573—1620 年），一位叫罗明坚的意大利传教士来到了中国。为了取得在中国长期居住的许可，他和他的同伴巴范济向广东总督献上了一座自鸣钟作为礼物，这在当时的中国还是没有人听说过的宝贝。就这样，他们换来了在广东肇庆居住五个月的特殊许可。

意大利传教士利玛窦像

随之而来的是意大利传教士利玛窦，他向万历皇帝进献了许多礼物，其中就包括两座精美的自鸣钟。其中一座是楼式的，宫殿里放不下，只能摆在御花园里；另一座则与之相反，是台式的，小巧精致，每过一刻钟便会叫一次，令皇帝非常喜爱。

不过，这时候的自鸣钟还不是很准，每天的时间要差上 15 分钟。到了清朝康熙年间，带擒纵器和发条的自鸣钟传入了中国，才在准时程度上胜过了漏壶。从此，铜壶滴漏就成了摆设。

交泰殿内大自鸣钟

"交泰大钟邀您准确对时！"

你好，我就是紫禁城交泰殿中的大自鸣钟。很多人认为我是在明朝漂洋过海来到紫禁城的，其实，那说的是我的"前辈"。

清代嘉庆二年（1797 年），紫禁城的乾清宫发生了大火，紧邻的交泰殿也没有逃过一劫，我那明代从西洋来的"前辈"就这样葬身火海。今天你来到交泰殿遇到的我，是嘉庆三年（1798 年）宫廷造办处仿原来的自鸣钟打造而成的。

我是一座楼式的大自鸣钟，身高近 6 米，相当于两层楼那么高，是中国现存最大的古代座钟。我报时的声音非常洪亮，一直能传到乾清门外，甚至全北京、全国都以我的时间为准。在我的身后设有阶梯，每天都有专人爬上来为我上弦，确保我能运行精准。如今我有二百岁了，但我仍然可以正常运转。多亏了当时制造我的工匠技艺精湛，今天我才有机会认识你呀！

钟表传入中国后，深得皇帝的喜爱，所以故宫里珍藏着数以千计的钟表。

康熙帝对西洋自然科学和工业技术都很感兴趣，机械钟表自然也令他爱不释手。他将收藏的各种自鸣钟都存放在端凝殿中，将这里叫作"自鸣钟处"。

随着钟表的花样越来越多，当时的皇宫里上上下下都摆上了钟表，圆明园等许多行宫也都摆设上了钟表，就连皇帝出门也要带着钟表。据记载，雍正帝就曾要求："向养心殿造办处要好的表一件，随侍用，钦此。"也就是要求造办处提供上好的钟表，给皇帝出门的时候随时看时间用。此外，雍正帝还曾将各式各样的钟表赏赐给亲近的臣子。

铜镀金珐琅转鸭荷花缸钟
（清宫造办处，乾隆时期）

乾隆帝则以赏玩的态度对待钟表，他不仅从国外订购花样迭出的钟表，还命宫中的能工巧匠按照他的设计打造钟表。一时间，官员之间也兴起了以外国钟表送礼的风潮，中国一度成了世界上最大的钟表进口国。

铜镀金象拉战车钟（英国，18世纪）

欢迎参观钟表馆

故宫博物院设有"钟表馆"，将古时候宫中收藏的形形色色的钟表陈列出来，展品超过二百件，供游人观赏。一到时间，工作人员就会将几台最有特色的钟表上好弦，钟表便叮叮当当地开始报时，随着报时的音乐声响起，钟表里还有一些小人儿会动来动去，整座钟表好像活起来了一样，有趣极了！

宝玺的故事

我在故宫参观的时候，看到好多精美绝伦的宝玺，其中令我印象最深刻的就要数乾隆皇帝的"二十五方宝玺"了！可是我有点儿想不通——皇帝就一个，用得着那么多宝玺吗？

对于皇帝来说，一方面，宝玺象征着上天赐予他的权力，另一方面，宝玺就是他的签名，只有带着玺印的文件，才能生效。别看宝玺这么多，它们都有着各自的功能，代表了当时皇帝在国家治理的各个方面所具有的最高权威。

传奇"传国玺"

　　关于皇帝御玺的故事，还要从中国第一位皇帝开始讲起。

　　公元前 228 年，秦王嬴政打败了赵国，得到了著名的和氏璧。后来他一统天下，称"始皇帝"，便成了中国历史上的第一位皇帝。秦始皇命丞相李斯用和氏璧打造了一方"传国玉玺"，上面刻着"受命

于天，既寿永昌"八个字，意思就是："上天赋予了我当皇帝的权力，国家从此会永远繁荣昌盛"。

从此，传国玉玺就成了历代皇帝证明自己身份的重要信物，并演绎出许多真假难辨的传奇故事。

传说，一次秦始皇乘龙舟过洞庭湖，突然湖面上风浪大作，眼看着龙舟就要被掀翻了。他便将传国玉玺抛进了湖里，向上天祈求风平浪静。时间过去了八年，有人找到了传国玉玺，又将它献给皇帝，这块玉玺才得以重新回到"天子"身边。

秦朝灭亡后，汉高祖刘邦得到了传国玉玺，并在此后的皇帝手中辗转传承了上千年。直到五代后唐灭亡时，后唐末帝和自己的后妃在宫中焚火自尽，所有的御用宝物也都投入了火中。就这样，传国玺从此不知所踪。有人说，到了宋朝时，有个农夫在耕田的时候发现了一方宝印，样子很像传说中的传国玺，就托人把它送到了宫里，众大学士经过鉴定和考证，认定了那就是秦始皇的传国玉玺。可惜，这方宝玺后来又被北方的金国人抢走，再次下落不明……

到了元朝时，人们又听到了"传国玺"的消息，这块宝玺被元朝的大臣伯颜买来。人们对它是这样描述的："乃黝玉宝符，其方四寸，螭纽交蟠，四可边际，中洞横窍，其篆画作虫鸟鱼龙之状"。

后世伪造的"受命于天，既寿永昌"玺

当时的专家们对这块宝玺上刻的文字进行了好一番辨认，确定了上面的字是"受命于天，既寿永昌"——这似乎就是秦始皇的传国玺了！但不幸的是，据说伯颜曾将收缴的历代印玺磨平了分送给大臣们用作私人印章，其中极有可能包括传国玺，也就是说，这块宝玺即便是秦朝旧物，上面的刻字也可能早已被磨平，再也不是原来的样子了。

后世伪造的"受命于天，既寿永昌"玺文

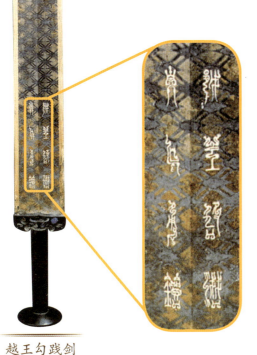

越王勾践剑

你能认得出这刻的是什么吗？这就是神奇的"鸟虫篆"，是我国古代的一种字体，从先秦篆书演变而来。因为将文字和鸟的形状相结合，看上去华丽精美，装饰感很强，所以常常被镌刻在兵器和印玺上。著名的越王勾践剑上就用鸟虫篆刻着"越王鸠潜（勾践），自乍（作）用剑"。如果你有机会到湖北省博物馆参观，可别忘了去看看这把大名鼎鼎的精美宝剑哪！

🐭扫码领取

★故宫奇妙之旅
★神奇的脊兽
★云游博物馆
★国宝档案册

后来，元朝被灭，朱元璋登极当了皇帝，开创了明朝。他听说传国玺被元顺帝逃跑的时候带走了，便派十万兵马深入大漠去追。可惜，在朱元璋追回的印玺中，也不见传国玺的踪影。

时间又过去二百多年，到了明朝末期，清太宗皇太极西征察哈尔。经过一番大战，投降的元人后裔将一方据称是元代"传国玺"的玉玺献给了他。可是皇太极拿到了玉玺一看，才知道那并不是秦始皇的传国玺，而是一方刻着汉文篆书的玉制"制诰之宝"。

尽管如此，皇太极仍把这方玉玺当作传国玺，还举行了隆重的受宝大典。不久，他便在盛京（今沈阳）称帝，正式改国号为"清"。

六方小玺

秦始皇的
七方御玺

传国玺

一位皇帝有多少宝玺？

秦始皇称帝时，不止造了一方传国玺，而是造了一大六小，共七方御玺，其中"一大"便是为后世竞相争夺的传国玺。此外的"六小"则由"皇帝三玺"和"天子三玺"组成。

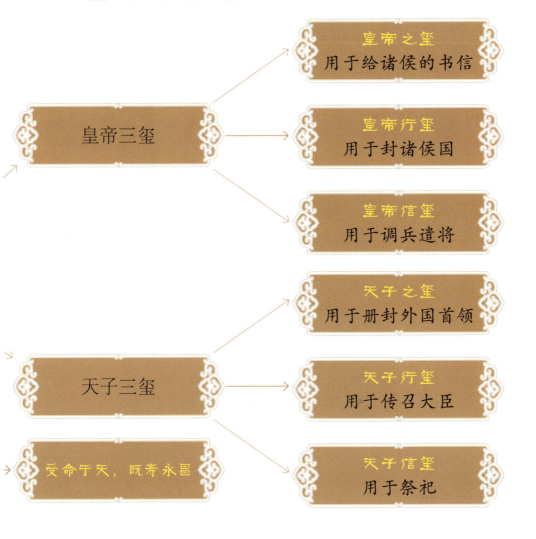

皇帝三玺

皇帝之玺
用于给诸侯的书信

皇帝行玺
用于封诸侯国

皇帝信玺
用于调兵遣将

天子三玺

天子之玺
用于册封外国首领

天子行玺
用于传召大臣

受命于天，既寿永昌

天子信玺
用于祭祀

每个朝代都会制造自己的宝玺，数量越来越多，宝玺的样子、材质等也都发生了变化。

纽就是宝玺上面，用手把握的部分，它决定了宝玺的外观。由于宝玺是皇帝的印玺，所以宝玺的纽一般会采用龙的造型，这种传统从秦始皇的时候就开始了。龙纽的形式多种多样，不过，除了皇帝用的宝玺，其他印玺绝不可以采用龙的造型。

打造一方宝玺，要花费好一番功夫。宝玺的材质、纽的雕刻、印文的内容和书法，都要经过皇帝认可，然后根据皇帝的意见修改、刻制、磨光，做工十分精细，一丝不苟。宝玺的材质主要是玉，此外，也会用到寿山石、檀木、象牙、黄金等材质。

明代寿山石"皇帝之宝"

文字

　　如果你在博物馆看到了历朝历代的印玺，一定会发现上面刻的字并不是太好认。因为这些文字一般都使用了非常古老的篆书，篆书包括大篆、小篆，此外还有奇特而精美的鸟虫篆和九叠篆。元朝的宝玺文字样式发生了变化，要用三种文字刻成：八思巴文（元世祖忽必烈时创立的一种文字）、汉文和梵文（一种古印度文字）。而清代的宝玺则有两种文字：满文篆书和汉文篆书。

乾隆皇帝宝玺大整理

秦始皇的"七玺制"一直沿用了八百年，到了唐朝的唐太宗时，宝玺多了一方"受命玄玺"。宋朝的宝玺数量更多了，到南宋时，宝玺增加到了十四方。明初的宝玺有十七方，嘉靖年间又在原有基础上多了七方，共二十四方。

到了清朝的乾隆年间，经过乾隆皇帝的整理和统计，宝玺多达三十九方！乾隆皇帝发现，宫里有很多宝玺存在宝文重复、用途不明的问题，因此决定对宝玺进行一番大整理。

乾隆皇帝认为，对于皇帝而言，宝玺起着非常重要的信用作用，所以要重视宝玺的管理。乾隆十一年（1746 年），他对原有的三十九方宝玺逐一鉴别，按照宝玺的功能重新排定，将总数定为二十五方。每一宝玺都盛装在单独的宝盒内，然后一起存放在交泰殿中。

交泰殿内，宝座后面和左右两侧摆放着大宝盒

据说因为周朝是历史上最长的朝代，共绵延了二十五代帝王，乾隆皇帝希望清朝也能像周朝那样长久地辉煌下去，于是便将宝玺的数量定为二十五方。

这二十五方宝玺，每一方的名称、用途、尺寸、材质、玺纽、文体不尽相同。其中有四方是在清入关前就使用了，所以上面的文字保持原样不变；其余的二十一方，都改为左边满文篆书、右边汉文篆书。

质料方面，二十五宝既用到了青玉、白玉、墨玉等玉石，又用到了金、檀木等尊贵的材质，比如最常用的"皇帝之宝"，就是用檀香木制成的。至于宝玺的龙纽呢，有交龙纽、盘龙纽、蹲龙纽等等多种多样的形式。

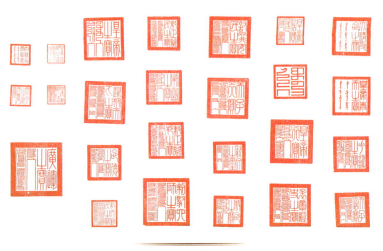

"二十五宝"宝谱

"盛京十宝"

那么余下的那十四方宝玺去了哪里呢？其中有四方乾隆皇帝认为"于义未当"，不适合作为宝玺；另十方，他则认为它们是从前的皇帝用过的，很重要，但是又跟二十五宝玺中的宝文有重复，于是派人送到了盛京（今沈阳）的皇宫中珍藏，后来被人叫作"盛京十宝"。

青玉"制诰之宝"

神秘的"制诰之宝"

二十五方宝玺之一的青玉"制诰之宝"，并不是皇太极得到的那方"元代传国玺"，而是乾隆皇帝命人重新篆刻的。而且乾隆钦定"二十五宝"和"盛京十宝"后不久，又下旨从盛京十宝中撤去一方"丹符出验四方"宝玺，换上的也是"制诰之宝"。据专家考证，这方"制诰之宝"也是一件仿制品。那么，皇太极的"制诰之宝"到哪里去了呢？据宫中《活计档》记载，乾隆十三年五月二十二日，乾隆帝曾下旨将一方白玉"制诰之宝"磨去字迹，永远销毁。但是，乾隆帝为什么又要换上一方假的青玉"制诰之宝"呢？这到今天仍是个历史之谜。

"皇帝之宝"的故事

你好，我就是二十五方宝玺中的"皇帝之宝"。当皇帝需要颁发诏书、录取进士的时候，就会把我从我的宝盒里"请"出来。

对，乾隆皇帝将我和另外二十四个宝玺兄弟钦定为官方御用宝玺了以后，我们每个宝玺兄弟都身披黄绫，住进了属于自己的"房间"——那可都是非常精致的宝盒呢，相当于"豪华套房"。

那时候，乾隆皇帝就把我们安放在交泰殿里，由专门的掌玺太监负责保管。我们每一方宝玺都有自己的用处，要用到我们中间谁的时候，内阁大臣先到尚宝监，尚宝监请旨了以后，再来请出宝玺，加盖在相关的文书上。

每年过春节之前，我们还会舒舒服服地洗个

檀香木"皇帝之宝"

"过年澡"。洗宝的程序大概是这样的：大学士先来启奏，然后官员们再去通知掌玺太监把我们"请"到乾清门。这时候，乾清门已经放好了洗宝黄案和我们的银澡盆，我们挨个儿进去洗澡。洗得干干净净的以后，我们会再回到各自的"房间"中。接着，官员们为我们的房间贴上封条，一直等到来年朝廷"恢复办公"的时候，再"开宝"。

　　时间过去了几百年，我们作为宝玺的使命早已经结束了。如今，你要是到交泰殿去参观，只能看到我们空空的"豪华套间"摆在那里。我们这二十五个兄弟已经集体住进了故宫博物院的文物库房，由文物专家们照顾得妥帖周到。

　　乾隆皇帝曾说："垂统万世，在德耶？在宝耶？……鼎之轻重，玺之去来，视德之高下，位之安危。"也就是说，不管手里有什么宝玺，要治理好国家，让自己的人民幸福，社会长治久安，关键还在于治国者的德行啊！

皇帝的闲章

皇帝的宝玺只能用来处理政事。政事以外，皇帝还有很多要用到印玺的地方。比如在自己的御笔书画作品或赏鉴的艺术作品上，皇帝都要留下属于自己的印记，这样后人一看便知，这是皇帝的作品，或者是被他喜爱过的作品。这时用到的印玺，就叫作"闲章"。

皇帝的闲章，刻文的内容不同，用处也不同，有年号玺、宫殿玺、收藏玺、鉴赏玺、诗词玺等；玺的质地也多种多样，有玉石、檀木、金属，还有玛瑙、珊瑚、象牙等等。

对于古代文人的书画作品来说，印与诗、书、画同样重要。热爱文学和艺术的皇帝们自然也不例外，特别是清朝的康熙、雍正、乾隆皇帝，他们不仅聘请最优秀的文人来做南书房翰林和上书房师傅，自己也勤于习书作画、赋诗填词、鉴赏名品，自然也少不了刻制属于自己的各种闲章。

雍正帝的闲章"为君难"表达了他对身为一国之君的感叹

雍正帝的闲章"兢兢业业"反映了他勤政的特点

乾隆帝闲章"古稀天子之宝"（左）、副章"犹日孜孜"（右）

乾隆帝闲章"八徵耄念之宝"（左）、副章"自强不息"（右）

闲章不闲

有的闲章一点儿也不"闲"：道光皇帝的秘密建储谕旨，就盖着"慎德堂"的印；咸丰皇帝曾有"御赏""同道堂"两方闲章，用来鉴赏和收藏，可到了同治时，这两方闲章却分别被慈安太后和慈禧太后当成了"国宝"来使用。

瓶瓶罐罐出御窑

　　中国的英文名字是"China"，跟"瓷器"这个词的英文拼写一样，这反映了中国瓷器在世界上首屈一指的地位。我在故宫参观时，也确实看到了各式各样的瓷器，大大小小、瓶瓶罐罐，质地、颜色、图案都有所不同。好像每位皇帝对瓷器也有不同的品位呢！

　　你说对了，从这些瓷器文物中，不仅能看出皇帝品位的差别，还能看出瓷器烧造技术的发展历程。中国的宫廷瓷器大有看头！这里面有很多很多故事呢。

说到瓷器就不能不提景德镇。景德镇是有名的"瓷都"，它的名字都是因为瓷器得来的。

北宋景德元年（1004年），皇帝宋真宗颁布诏书，改年号为"景德"。也正是在这一年，宋真宗以年号赐名景德镇，可见宋真宗有多么喜爱这里出产的瓷器，他专门派了官员到景德镇管理瓷器的生产。宋神宗还在这里设立了"瓷窑博易务"，命其专门负责瓷窑的贸易和税收，按照今天的说法，可以叫它"瓷窑税务局"。

据考证，景德镇迄今为止发现的最早的瓷窑遗址可以追溯到五代时期。后来，景德镇产的瓷器受到后世历代皇帝的喜爱，景德镇长年奉皇帝的圣旨督造瓷器，成了"御窑"的鼻祖。

得"天"独厚

这里说的"天"，主要指景德镇的气候环境。景德镇位于今天的江西省，属亚热带季风气候，温和湿润，四季分明。在这样的气候条件下，瓷器的坯胎不容易因为温差和湿气而变形，烧出来的瓷器当然漂亮！

得"地"独厚

景德镇附近的高岭村出产一种雪白的土，是世界公认烧造瓷器最好的原材料，被命名为"高岭土"。此外，这里还蕴藏着其他陶瓷原料40多种。

得"水"独厚

制造瓷器，水也起着非常重要的作用。首先，要把矿石碾成粉末，就要用到水碓。水碓是一种以自然水流的落差作为动力的破碎装置。景德镇山势高峻，溪涧多有急流，非常利于装置水碓。其次，瓷土在用于烧造前还要进行淘洗，景德镇地处昌江下游，水量充沛，泥沙很少，很适合淘洗瓷土。最后，景德镇的水路四通八达，提供了水运的便利条件。

得"人"独厚

景德镇不仅有着非常深厚的文化根基，而且来自大江南北的优秀陶瓷工匠、技师都会聚在景德镇，形成了庞大而完整的瓷器烧造产业体系。当时景德镇流传着这样一句话："匠从八方来，器成天下走。"

　　景德镇烧造出的青白瓷质地细腻，毫无瑕疵，青白如玉，博得"饶玉"的美名（因景德镇古时隶属饶州）。

　　其实，除了景德镇，中国还有许多瓷窑也都非常有名。"柴、汝、官、哥、钧、定"，就是明代《宣德鼎彝谱》中记载的六大名窑。它们都曾经作为"御窑"为皇家烧造过许许多多的精美瓷器。

　　汝窑，位于今河南省平顶山市宝丰县大营镇清凉寺村。在唐宋时期，这里属于汝州，因此得名"汝窑"。汝窑烧造的瓷器造型古朴，色泽独特，用名贵的玛瑙做釉色，以犹如"雨过天晴云破处"的天青色为特色。

宋代汝窑天青釉三足奁

宋代哥窑鱼耳炉

　　哥窑，相传在浙江龙泉，是章家兄弟中的哥哥开办的，因此得名。传世的哥窑瓷器是青瓷，特点是"多断纹，号曰百圾破"。"百圾破"就是指哥窑瓷器釉面烧造过程中发生的开裂，大小纹片夹杂在一起，别具特色。

官窑

官窑，宋代由朝廷开办，为官府烧造瓷器，因此而得名。

宋代官窑葵瓣洗

钧窑，窑址在今天的河南省禹州市，当时这里叫"钧州"，因此而得名。钧窑瓷器造型规整对称，高雅大气。钧窑的特点是巧妙地利用窑变，让瓷器的釉面呈现出丰富的色彩和纹路。

宋代钧窑玫瑰紫釉菱花式花盆

定窑

定窑，窑址在今天的河北省曲阳县，当时这里叫"定州"，因此而得名。定窑以烧造白瓷著称。

宋代定窑白瓷孩儿枕

柴窑

柴窑是六大名窑中最神秘的一个。它创建于五代后周的河南郑州，出产的瓷器有"青如天，明如镜，薄如纸，声如磬"的特点，是当时的名窑之冠。非常遗憾的是，柴窑的窑址如今可能因为黄河的泛滥而掩埋在地下，传世的瓷器也少之又少，因此人们对它的了解非常有限。

古老美丽的青花瓷

　　长达六百年间，人们一直认为青花瓷产生于明代。直到 20 世纪 20 年代以后，学者们才渐渐地发现，原来早在元代，青花瓷就已经出现了。

　　元代后期，青花瓷器就已经远销到世界上很多地方了。只是元朝灭亡后，人们就渐渐把元青花给遗忘了。

　　青花瓷在明代再次到达巅峰。明代永乐、宣德年间的青花瓷非常有名。这还要多亏了郑和下西洋，从海外带回了很多钴料，这是烧造青

《是一是二图》（清代丁观鹏）
中的明宣德青花蓝查体梵文出戟盖罐

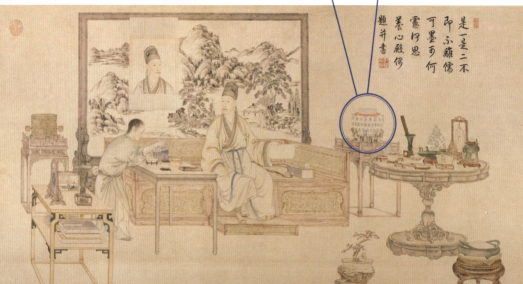

58

花瓷的重要原料。钴料也被翻译成"苏麻离青"，把它调制成颜料画在瓷胎上，经过1300℃的高温烧造，就会呈现出浓艳的蓝色纹样，并具有洇散的效果，形成独特的美感。

明代永乐时期，御器厂规模已经很大了，不仅为皇宫烧造瓷器，还会向海外输出，促进文化交流，同时也受到异域文化的影响，因此青花瓷器也有了别样的风采。

到了宣德时期，青花瓷的烧造技术得到了进一步的发展，钴料的供应始终能满足烧造需求，而且宣德皇帝的艺术品位又极其高雅，因此宣德年间出产的青花瓷器也被认为是最好的。

元青花缠枝牡丹纹带盖梅瓶（江西出土）

明永乐青花缠枝莲纹压手杯

元代青花瓷器的特征是蓝色纹饰、大量留白，这跟蒙古族"崇白尚蓝"的文化习俗相通——想想，漂亮的蒙古包像不像巨大的青花瓷器？

洪武贵红

明朝的开国皇帝朱元璋小时候叫"朱重八",因为他在家族兄弟里排行老八,是最小的孩子。他幼年时,家境贫寒,一家人被元朝的苛捐杂税压得喘不过气。

25岁时,在皇觉寺做和尚的朱元璋加入了一支叫"红巾军"的起义军,揭竿而起,反抗元朝的统治。这个智勇过人的年轻人很快成了一支庞大队伍的统帅。由于他有勇有谋、知人善任、体恤民情,手下将领都忠实地跟随着他,他也受到了百姓的拥戴。最后,朱元璋战胜了所有对手,登上了明朝开国皇帝的宝座。

朱元璋的年号是"洪武","洪"也与"红"谐音。在宫廷建筑、家具、服饰方面,朱元璋也主张大量使用红色,因此对瓷器,他也更偏爱红色。

明太祖朱元璋

为什么朱元璋这么爱"红"？

有人说，因为朱元璋参加的起义军名叫"红巾军"，所以他认为红色象征光明和胜利，对红色有一种敬畏和崇拜；有人说，因为他在鄱阳湖大战，被敌军追杀时，多亏了躲进一座"红塔"才逃过一劫，所以他非常崇尚红色；还有人说，因为从前的周朝、汉朝、唐朝、宋朝和元朝都崇尚红色，所以朱元璋也就将这个传统延续了下来……

早在唐代，用铜做呈色剂烧制出的红釉瓷器就已经出现了，宋代也有关于红釉瓷器的记载。但是那时候的红釉瓷器颜色不那么鲜艳明丽，数量也很少。真正呈现纯净朱红色的红釉瓷器出现在元代。

到了明代洪武年间，由于朱元璋崇尚红色，所以在他的推动下，红釉瓷器的烧造技术又得到了发展。

红釉瓷器是用含有铜元素的颜料将纹样画在瓷器坯胎表面，然后罩上一层透明釉，入窑以1300℃高温焙烧。这种瓷器很难烧，有的时候要烧好几窑，才能成功烧出一件红釉瓷器。

工匠们可以用铜红在釉下画出美丽的花纹图案，这被称为"釉里红"瓷器。

从明代洪武开始，红釉瓷器在宫廷中就越来越"红"了。到了永乐年间，红釉瓷器的烧造技术完全成熟，瓷器上的红釉色泽鲜艳，色调纯正，晶莹别透，器物的造型也越来越多

明洪武釉里红松竹梅纹玉壶春瓶

了；宣德年间的红釉瓷器又有了不同的色调变化，有"宝石红"和"祭红"之分；到了清代康熙年间，又出现了"郎窑红""豇豆红"。其中"豇豆红"烧制的难度非常大，所以今天我们看到的"豇豆红"瓷器一般都是宫廷的御用器物，数量很少，而且都是小件器物。

清康熙豇豆红釉洗

永乐甜白

　　与洪武帝不同，永乐帝朱棣更喜欢白色。这与他从小在北方生长，受到蒙元文化的影响有很大关系。因此，当他发动了靖难之役，夺取皇位后，宫廷中的御用瓷器也悄悄地发生了变化。

明成祖朱棣

永乐年间，景德镇御器厂创制出了一种白色的瓷器，这种白色瓷器釉质细腻、温润洁白，跟白砂糖的颜色非常相似，让人一看就仿佛尝到了甜味一般，所以叫作"甜白釉"。这种甜白釉瓷器受到了永乐帝的喜爱，因此永乐年间宫中御用瓷器有很多甜白釉瓷器。

专家们通过对甜白釉进行化学分析，发现永乐甜白釉的成分与之前的白瓷有所不同，永乐年间的烧瓷工匠们在甜白釉瓷器的坯胎中加入了大量高岭土，瓷釉中又减少了石灰石的用量，改用钾长石，这就有效避免了釉色白中泛青的现象，让瓷器看上去"甜甜的"。

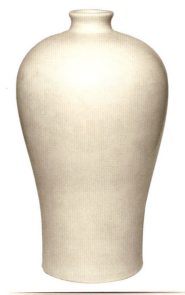

明永乐甜白釉划花缠枝莲纹梅瓶

扫码领取
★故宫奇妙之旅
★神奇的脊兽
★云游博物馆
★国宝档案册

成化斗彩

　　明代的成化帝同他的先祖们都不一样，既不偏爱红，又不崇尚白，他在位期间，有一种瓷器最特别，那就是斗彩瓷器。

　　斗彩瓷器以小、巧、薄、艳为特色，成化帝喜欢这样的瓷器，也跟他的人生经历有关。成化帝朱见深在登上皇位前，曾是一位"苦难太子"。他的皇父正统帝御驾亲征不幸被俘。他的皇叔郕王趁乱即位，成为景泰帝，朱见深作为皇太子的身份也被剥夺。后来，正统帝找机会夺回了皇位，朱见深的太子身份才得以恢复，成了后来的成化帝。童年的阴影使他的性格变得柔弱、怯懦，他爱玩，有情趣，喜欢艺术，却没有帝王该有的豪迈与大气。所以，他会喜欢这种纤巧秀气的斗彩瓷器，也就有因可循了。

明成化斗彩鸡缸杯

斗彩瓷器争奇斗艳，色彩缤纷，因而得名。烧造这样的瓷器，要先在坯胎上画青花，上釉后入窑高温焙烧，再画红、黄、绿、紫等其他颜色的纹饰，再次入窑进行低温烧造。成化年间的斗彩鸡缸杯，因杯上以各种色彩绘制着活灵活现的鸡群、花草、洞石，深受后代帝王的喜爱。清代的乾隆帝还曾题诗："朱明此去弗甚遥，宣成雅具时犹见。寒芒秀采总称珍，就中鸡缸最为冠。"

明万历五彩镂空云凤纹瓶

明代的皇帝有不同的品位，在位时留下的御用瓷器风格也大不相同呢！具有极高文学功底和艺术修养的弘治帝就更爱明黄透亮、气派沉稳的黄釉瓷器；嘉靖帝在位期间，三大殿发生火灾被严重烧毁，重建后，为了防火，嘉靖帝下旨命令御器厂烧造了很多大龙缸，此外他还命令烧造很多大型的瓷器，好让整座皇宫显得更加大气；而到了万历帝时，御窑瓷器的烧造工艺又上了一个台阶，出产了许多缤纷绚丽的五彩瓷器。

景德镇工匠的来信

你好，我是一名烧瓷匠。我生活在江西景德镇。我的爷爷和父亲都是烧瓷匠，从小我就看着爷爷和父亲为宫廷烧造瓷器。他们夜以继日地工作，可家里还是很穷。

长大一些我才明白，原来明朝实行"匠籍制"，烧瓷匠一旦入了匠籍，就要一辈子当烧瓷匠。虽然能拿到微薄的月粮，可是那跟辛苦的付出根本不成比例。我的父亲和他的朋友们对监陶的官员发起了反抗，可那些官员十分残暴地将反抗镇压了下去。

由于长年战乱，景德镇很多瓷窑都关闭了。爷爷去世后，父亲也决定带着我们一家人逃到别的地方去。我们背井离乡好几年，战争终于结束了。此时，我们的国号已经从"明"变成了"清"，而且顺治帝还下旨废止匠籍制！

回到景德镇后，我们重新开始烧造瓷器。如今，我也是一名技术高超的烧瓷匠了，我赚到的工钱比从前多了很多，烧出的瓷器个个漂亮，还有一些被选入了皇宫，这让我觉得很自豪！

争奇斗艳的清代瓷器

这套五彩十二月花卉纹杯是康熙皇帝的御用酒杯，共有十二只，每只杯子上都画着代表一个月份的花卉，后面还配着赞美这种花卉的诗句呢！诗、酒、书、画，融于一体，深得康熙皇帝的喜爱，也反映出了康熙皇帝的"文艺范儿"。

清康熙五彩十二月花卉纹杯

正月　水仙花　"春风弄日来清书，夜月凌波上大堤。"
二月　玉兰花　"金英翠萼带春寒，黄色花中有几般。"
三月　桃花　"风花新社燕，时节旧春浓。"
四月　牡丹花　"晓艳远分金掌露，暮香深惹玉堂风。"
五月　石榴花　"露色珠帘映，香风粉壁遮。"
六月　荷花　"根是泥中玉，心承露下珠。"
七月　兰花　"广殿轻发香，高台远吹吟。"
八月　桂花　"枝生无限月，花满自然秋。"
九月　菊花　"千载白衣酒，一生青女香。"
十月　芙蓉花　"清香和宿雨，佳色出晴烟。"
十一月　月季花　"不随千种尽，独放一年红。"
十二月　蜡梅花　"素艳雪凝树，清香风满枝。"

由于匠籍制度的废止，无论是在御窑还是民窑，工匠们工作起来都更有劲儿了。继顺治帝之后，康熙帝对御窑进行了进一步的改革。康熙帝腹有诗书，长于书法，精通艺术，勤于朝政。而且他广泛吸纳来自西方的文化科学知识，还与一些西方国家建立了交往。康熙年间，国家兴盛，万国来朝。康熙帝也十分重视御窑瓷器的烧造，皇宫的造办处请来了许多士人、工匠，还有西方的传教士，共同研发、烧造御用瓷器。于是，康熙年间，御窑烧造出了更多漂亮的瓷器。

康熙帝尤其喜欢文人画，于是他命宫廷画师参考文人画设计瓷样，再由御窑画工画到瓷器上。

清顺治五彩八仙瓶

康熙帝学习和弘扬中华传统文化，喜好文人雅趣，茶酒花香、琴棋书画，无一不好；他每天都会写字，笔耕不辍，因此留下了许多精美的文房瓷器。

清康熙洒蓝地五彩人物图笔筒

这件笔筒上画的人物是五彩魁星，他正奔跑在梅花桩上，右手拿着笔，左手拿着银锭，寓意"必（笔）定（锭）夺魁"。这个图案的背景是"洒蓝地"，如果你仔细看的话，就能在浅蓝色的釉面上发现深蓝色的斑点，就像从天上撒下的雪花一般，因此也叫"雪花蓝"。

康熙帝推动了清朝御窑的发展，后来雍正帝和乾隆帝也都成功"接棒"，将御窑瓷器的烧造推上了高峰。

雍正帝在位期间，御瓷的风格又与前有所不同了，雍正帝追求高雅和精致，他更偏爱宋代瓷器的那种内敛、平和、雅致。在雍正年间珐琅彩瓷器得到了长足的发展。

雍正以前，珐琅料需要进口，又贵又少。到了雍正六年（1728年），造办处成功自制了珐琅料。同时，珐琅彩瓷器的上釉工艺和烧造工艺也得到了发展，宫廷又请到了画技高超的珐琅彩画师，这样，书法和绘画就能被"移"到珐琅彩瓷上，这一切都使雍正年间的珐琅彩瓷达到了巅峰。

清雍正珐琅彩松竹梅图橄榄瓶

与历史上的许多皇帝比起来，乾隆帝都要算是特别幸运的一个。他在位的 60 年里，天下太平，文化繁荣，万国来朝。

乾隆帝天资聪颖，喜爱文学、艺术，掌握多种语言，还懂得鉴赏文物、整理古籍，堪称"文化天子"。他亲自主导御窑瓷器的设计和创制，所以乾隆朝的御窑厂技艺高超，创意巧妙，烧造出转心瓶、夹层套瓶、交泰瓶等高难度的艺术品，静中有动，动中有静。这样的瓷瓶由不同的部分构成，每部分都需要分别烧造，再拼接成一件完整的瓷器。

中国的瓷器凝聚着我们祖先的智慧和汗水，不仅是中华民族历史的见证，更是中外文化交流的"使者"。千百年来，瓷器通过"丝绸之路"从中国走出去，抵达了世界各地，被不同肤色、讲不同语言的人们共同喜爱着。中国瓷器的故事应该在中国乃至全世界世世代代地流传，永远地讲下去。

★故宫奇妙之旅
★神奇的脊兽
★云游博物馆
★国宝档案册

扫码领取

现在，让我们来好好欣赏一下这件乾隆黄地粉彩镂空干支字象耳转心瓶。这个瓶子主要表现时间的流逝。瓶子上写着自古以来用于纪年的干支，瓶身四面镂空，绘有四季的画面。内瓶上画着小孩子玩耍的画面。这个瓶子的瓶口和瓶颈都能转动，转缝上下写着天干和地支，搭配起来可以做万年历用。烧制这个转心瓶时正值甲子年，按照中国古代历法，"六十一甲子"，象征着一个轮回的起始。瓶子的三个部分分别烧制、绘画，能工巧匠们十分精准地控制着烧造过程中瓶坯的收缩变化，使三个部分在组装时能够完美匹配。这样绝妙的设计和高超的制造工艺，真让人惊叹！

清乾隆黄地粉彩镂空干支字象耳转心瓶

令世人惊叹的百科全书

我会到图书馆去找相关的书籍来看。俗话说得好："书中自有黄金屋"！

问你们俩一个问题：如果你们想了解一个东西的方方面面，你们会怎么做呢？

哈哈，哪儿用得着那么麻烦，到网上一查不就知道了吗？

在信息技术高度发达的今天，你们的办法都可行！不过，在古代，既没有图书馆，也没有互联网，那作为一朝天子的皇帝想将天下事尽在掌握，要怎么办呢？别着急，我这就带你们去看看吧——

百科全书的诞生

早在三国时期，魏文帝曹丕就曾组织学者编撰过一部《皇览》。学者们把当时所掌握的几乎所有经典群书中的内容全归纳到一起，然后整理、分类，把同一个类别的内容编排在一起，最后形成了一套有四十多部、一千多篇文章、共八百多万字的大书。在古代，这种内容全面、分类编排、便于查阅的书被人们叫作"类书"，一直到"百科全书"这个词出现为止。

事实上，《皇览》确实对后世越来越多、越来越全的百科全书产生了非常重要的影响。宋代的史学家王应麟认为，《皇览》是类书的鼻祖。

可惜的是，今天我们已经无法看到《皇览》的原貌了。事实上，早在唐代，这套珍贵的"类书鼻祖"就已经失传了。不过，它开了中国百科全书编纂的先河，在历史上的地位是不会改变的。

曹丕与大臣（唐代画家绘）

　　魏文帝曹丕从小就文武双全，博览经传。他是一位出色的政治家，同时也是一位很有才华的文学家，他所著的《论文》是中国文学史上第一部系统的文学批评专论作品。

《永乐大典》

永乐元年，朱棣当上皇帝不久，就发现天下古今事物，都零散地记载于浩如烟海的各种书籍中，很难查阅。所以他就向翰林学士下达了"修书敕令"，希望这些博学之士能别嫌麻烦，进行一番努力，将诸子百家的经典，不管是天文地理、哲学宗教，还是医术技艺，一切内容都纳入进来，按照音韵重新排列，便于检索查阅。

学士们立刻组织了一个"百人编辑部"，用了一年多的时间，编出了一部《文献大成》。可是永乐皇帝朱棣看了却并不满意，他觉得书的内容还远远不够完备，所以又派姚广孝负责大书的编纂工作，还将南京的文渊阁给修书团队当

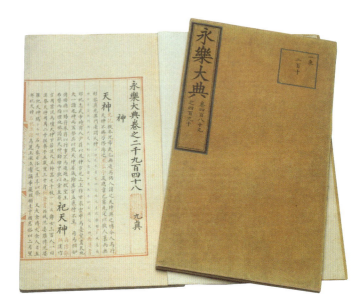

"办公楼"，命令光禄寺给修书团队提供"工作餐"。

　　被誉为中国历史上最著名的黑衣宰相的姚广孝果然很厉害，他一上任就一下子把修书团队扩大到了三千人，能用的人、能用的书，全都用上。这样拼命工作了大概四年的时间，总算编成了一部收书七八千种、共 22 937 卷、共计超过 3.7 亿字的鸿篇巨制，向永乐皇帝呈上了一份满意的答卷。永乐皇帝用自己的年号为这部大书赐名——《永乐大典》，并且为这部大典作序，说：只有国家处于大一统的盛世，才可能有这样的鸿篇巨制问世。

姚广孝

《永乐大典》修成后，被珍藏在南京文渊阁中。可惜的是，到清代康熙年间，《永乐大典》的原书就无迹可寻了。对于它的下落，众说纷纭。后来八国联军入侵北京的时候，就连它的副本也遭到了焚烧和抢掠，只剩下一些残卷供后人参考。

清代康熙年间，学者们参考它的副本编纂了《古今图书集成》；乾隆时期，学者们又在《古今图书集成》的基础上，修纂了著名的《四库全书》。这两部百科全书，在历史上也有着非常重要的地位。

《永乐大典》内页

据记载，构成《永乐大典》的这三亿多字，都是当时书手们用楷书一笔一画地抄写出来的，其中很多书手都是有名的书法家；书中的插图也都是用白描手法绘制的山川、器物、人物等，生动逼真，非常精致。

《古今图书集成》

　　如果说像《永乐大典》这样珍贵的鸿篇巨制如今早已残缺不全是件巨大的遗憾事，那么《古今图书集成》的存世绝对可算是一件巨大的幸运事——它是中国现存的规模最大、印制最精美的一部古代百科全书。

　　《古今图书集成》(以下简称《古今图书集成》)原来的名字叫《文献汇编》，是教康熙皇帝的皇三子胤祉读书的老师陈梦雷首先着手编纂，在康熙皇帝和胤祉的帮助下，组织了80人的编辑团队完成的一部规模宏大的百科全书。

　　从开始修书，到印刷完毕，这部大书的诞生用了整整28年时间，跨越了康熙、雍正两个王朝。全书的正文共有10 000卷，目录40卷，共1.6亿字。编纂者呕心沥血，将当时几乎所有的知识按照天、地、人、物，分门别类地编入书中。规模宏大，分类细致，图文并

《古今图书集成》(清雍正铜活字印本)

茂，无所不包。康熙皇帝看了以后大加赞赏，为这部书赐名。

　　但是，这部大书还没印出来，康熙皇帝就驾崩了。由于支持修书的胤祉曾经跟被废的太子（雍正皇帝即位前的主要竞争对手）关系太好，所以雍正皇帝为了巩固皇权，就把他当作"异己"清除掉——派他给康熙皇帝守陵去了。《古今图书集成》的主要编纂者陈梦雷也受到牵连，以 72 岁的高龄被发配到边疆去了。

　　雍正皇帝虽然剥夺了主要编纂者的署名权，却全力支持这部百科全书的印制成书。这部规模如此宏大的百科全书用了铜活字精心印刷，而且历时不到三年就全部印制完成。后来，雍正皇帝还为这部书作了序，他称赞这部书道："贯穿古今，汇合经史，天文地理皆有图记；下至山川草木、百工制造、海西秘法，靡不备具，洵为典籍之大观。"

诚亲王胤祉像

陈梦雷的故事

你好，我叫陈梦雷。

我小时候是个典型的"别人家孩子"——12岁中秀才，19岁中举人，20岁的时候中了进士，到翰林院里当编修官。

由于被人陷害，我一度差点掉了脑袋。还好老朋友徐乾学拉了我一把，我才免于一死。我被发配到奉天，大病了一场。不久，我的父母和妻子先后去世。在鬼门关里走了一遭，又接连失去了至亲，令我的内心备受悲痛的折磨。但是我仍然没有放弃学习和研究，一边教书，一边写书。

就这样，17年过去了，我终于等到了康熙皇帝来巡视。我抓住了这个机会向康熙皇帝献上自己的诗作，并讲述了自己的冤情。康熙皇帝可怜我的学识，召我回了京城，让我侍奉诚亲王胤祉读书。

胤祉是个聪明好学的青年，年纪轻轻就博古通今。你也许知道，他曾带领学者们编纂了著名的《律历渊源》。在他的帮助下，我花了整整5年时间，将15 000多册藏书分类编辑，最后形成了《古

今图书集成》，受到了康熙皇帝的肯定。康熙皇帝还特地驾临我的书斋，御笔为我题写一副对联："松高枝叶茂，鹤老羽毛新"。从那以后，我的书斋就叫"松鹤山房"，而我，就叫自己"松鹤老人"。

我这看似苦尽甘来的人生，却在康熙皇帝驾崩后再次急转直下了。雍正皇帝处理了被他视作"异己"的诚亲王胤祉，也因此再次将我发配到边疆去了，那时候，我已经年过古稀。雍正皇帝又另请他人完成了《古今图书集成》的刊印工作。就这样，我的名字被从这部我亲手编纂而成的书上抹去了……

虽然这部传世经典上没有我的名字，可二百多年后的今天，你却还是知道了我的名字，还能读到我的故事——这太奇妙了，不是吗？

《四库全书》

在紫禁城东华门内的文华殿后侧，静静伫立着一栋二层楼阁，它青砖黑瓦，简洁素雅，在红墙金顶的建筑群之中显得格外别致。建筑正面挂着一方匾额，上面写着"文渊阁"。

早在明代，南京故宫中就有一栋建筑名为文渊阁。后来明成祖迁都北京，也依样在北京紫禁城中建了一栋文渊阁。

文渊阁素来与书有关，明代的文渊阁就是用来藏书、编书的地方——前面说到的《永乐大典》就是在南京故宫的文渊阁中编纂的。后来，北京紫禁城的文渊阁也建好了，永乐皇帝还命人把大量藏书从南京运到了北京，贮藏在文渊阁中。后来，紫禁城中的文渊阁用处越来越多，不仅用来藏书和编书，还是皇帝读书学习、大臣官员办公的地方。

文渊阁内保存《四库全书》的老照片

不过，我们如今在紫禁城中见到的这栋文渊阁，并不是明朝修建的，而是在清乾隆年间修建的。原来，在明朝末期，紫禁城中的文渊阁连同其中的珍贵藏书，都在战火中付之一炬了。

那么，在一百多年后的乾隆朝，为什么皇帝又想起来重建一座文渊阁了呢？

原来，乾隆皇帝意识到当时的图书典籍散佚得太严重，所以在乾隆三十七年（1772年），决定下召编纂一部集天下经典之大成的书。这部大书一定需要合适的地方存放，于是他下令，仿照宁波著名藏书阁——天一阁，在紫禁城里建一座文渊阁。可以说，文渊阁是专门为了这部集天下经典之大成的《四库全书》而建的。

《四库全书总目》

"有奖征书"

为了让这部大书尽可能地收录优秀的图书作品，乾隆皇帝下令在全国各地广泛征集民间藏书，甚至还为能提供更多图书的人准备了奖励：凡能提供 500 种以上图书的人，都可以得到《古今图书集成》一部；能提供 100 种以上图书的人，可以得到《佩文韵府》一部，还可以挑一本喜欢的书让乾隆皇帝题字；此外还有"记名"的奖励办法，也就是在《四库全书》中标注提供参考书的人的名字。

大家都很支持乾隆皇帝的这项倡议，6 年时间征集到了 12 000 多种图书，再加上原来紫禁城武英殿中的藏书，足够编纂一部超级大书的了！于是，《四库全书》的编书团队就紧锣密鼓地开工了。

乾隆皇帝是《四库全书》的"总策划人"，他对这部书的编修工作非常重视。据统计，在修书的十几年里，乾隆皇帝对修书工作下达的谕旨达 13 万字之多！

编纂《四库全书》的"编辑部"叫作"四库全书馆"，官员们被统称为"四库馆臣"，这个"编辑部"的"总编辑"就是著名的"铁齿铜牙"纪晓岚。四库馆臣全是从层层选拔中脱颖而出的人，他们个个满腹经纶、博学多才。

四库馆臣们先从各地进呈来的图书中筛选出约 10 000 种，然后为每种图书撰写提要，并注明该书适不适合收录。如果一种图书确定要收录进《四库全书》了，那么馆臣还要挑选它所有版本中最好的那个，然后对这个版本进行一番加工和校对，这就是这本书的底本。底本再递交给纂修官，纂修官觉得可以了，再呈交给总纂官，最后交给皇帝御览。

对一万多种图书逐一挑选、编辑，层层把关，这真是个相当浩大的工程！不过，这还没完，图书底本确定了以后，还要交给抄写人员进行抄写。光是负责抄写《四库全书》的人，就有3826个。为了确保《四库全书》及时问世，抄写工作还有严格的工作量：每人每天必须抄足1000字，每年抄写33万字，5年抄满180万字。抄得又多又好的，可以授予官职；要是抄得不好，那就得罚多写10 000字！

抄完的书，还要经过最后一道工序：校订。一本书要经过两次校订和一次抽阅，如果发现错误太多，抄写员还是要受罚。

就这样，在乾隆四十六年（1781年）十二月，第一部《四库全书》终于抄写完成并进行了装订，进呈给了皇帝。全书共计7亿多字，分经、史、子、集四部，根据"总策划人"乾隆皇帝的设计，分别对应春、夏、秋、冬四个季节，还据此为四部使用了不同颜色的书衣。作为全书纲领的《四库全书总目》，书衣为黄色。几册书成一函，上下夹好夹板，用丝带缠好，装入香楠木的匣子。

接下来的几年中，乾隆皇帝又命人抄写了另外六部，分别贮藏在文溯阁（今辽宁沈阳）、文源阁（北京圆明

《四库全书》四种颜色的书衣

园)、文津阁（河北避暑山庄）、文宗阁（今江苏镇江）、文汇阁（今江苏扬州）、文澜阁（今浙江杭州）。乾隆皇帝对《四库全书》非常重视和喜爱，无论是去圆明园还是避暑山庄，都会花好多时间来读书。从乾隆三十九年（1774 年）到嘉庆二年（1797 年）的 23 年中，乾隆皇帝共为《四库全书》题写过 107 首诗。

　　《四库全书》修成后，还经过了两次补遗，到嘉庆九年（1804 年）才完成。整个修书过程长达 33 年。可惜的是，历经二百年的风风雨雨，七部之中，文源阁本、文宗阁本和文汇阁本早已荡然无存。剩下的四部：文渊阁本现藏于台北故宫博物院，文溯阁本现藏于甘肃省图书馆，文津阁本现藏于国家图书馆，文澜阁本现藏于浙江省图书馆。

　　虽然在《四库全书》的修书过程中，有大量珍贵史料被当时的官员们认为"不利于大清"而被焚毁，还有一些内容被篡改，但是总的来说，《四库全书》的编纂工作仍取得了惊人的成就。它使大量的历史文献得以保存，汇集了中国古代文明的精华，囊括了当时文化知识和学术的成就，凝聚了我们祖先的智慧和勤劳。

乾隆帝在"四库馆臣"奏折上的朱批："立法虽详，仍在尔等尽心细阅。此番既定之后，若再有错讹，是谁之咎？慎之！"

你们还记得养心殿西暖阁的三希堂有多大吗？

其实据我实地测量，三希堂里间，皇帝真正的"私人办公室"，只有 4.8 平方米。其中有一半是炕，另一半是地。

在《从前，有座好大的宫》里，我们说到了三希堂的面积是 8 平方米。

在这么小的地方，能藏什么大宝贝呀！

这你就有所不知了吧，这么小的地方，可藏了不少稀世珍宝呢！所以它才叫"三希堂"啊！

【三希堂的稀世珍宝】

在养心殿的西暖阁最西边，有个小小的房间，看起来精巧别致，幽雅清静，特别难得的是采光充足，冬日里也很暖和。这就是三希堂。

在三希堂里，炕上方的东墙上，挂着写有"三希堂"的匾额，匾额两侧贴着一副对联，写着："怀抱观古今，深心托豪素"，那是乾隆皇帝御题的。

炕东头安放着靠背、坐垫、倚枕，书桌上放着玉笔筒、玉笔山（笔架）、砚台，炕旁的窗台上摆放着玉羊、玉山、玉冠架、玉璧、玉角杯各一件。

一朝天子乾隆皇帝，竟然在这间只有4.8平方米的小屋里读书写字，如果不是真有实物，谁会相信呢……

三希堂

　　这么一间小小的三希堂，能藏什么宝贝呢？

　　乾隆皇帝曾经写过一篇《三希堂记》，里面说道："内府秘籍王羲之《快雪帖》、王献之《中秋帖》，近又得王珣《伯远帖》，皆希世之珍也。因就养心殿温室易其名曰'三希堂'以藏之。"因为有这三件稀世珍宝，所以这里才叫"三希堂"。

　　当然，乾隆皇帝同时还说，"三希"有另一层含义："士希贤，贤希圣，圣希天"，也就是说，普通的读书人仰慕德才之"贤"的境界，德才兼备的贤人仰慕品德最高、智慧过人的"圣"的境界，圣人则仰慕"天人合一"的最高境界。

王羲之与《快雪时晴帖》

乾隆皇帝提到的《快雪帖》，全名叫《快雪时晴帖》，相传是东晋书法家王羲之的作品。

王羲之从小练习书法，十三岁就小有名气了。他做官的时候爱护百姓，踏实负责，然而实际上他却并不喜欢做官。后来他以生病为由辞掉了官职，定居在会稽山阴，游山玩水，饮酒垂钓，也是在那里写下了著名的《兰亭集序》，这部作品被历代书法家敬仰，被誉为"天下第一行书"。

辞官回家后，一天，一场大雪停了，天刚刚放晴，王羲之心情很好，想起了朋友"山阴张侯"，便提笔写了一封问候信给他，这便是著名的《快雪时晴帖》。

全文共 28 个字，每个字都写得匀整安稳、神态自如、遒劲有力，被誉为"二十八骊珠"。

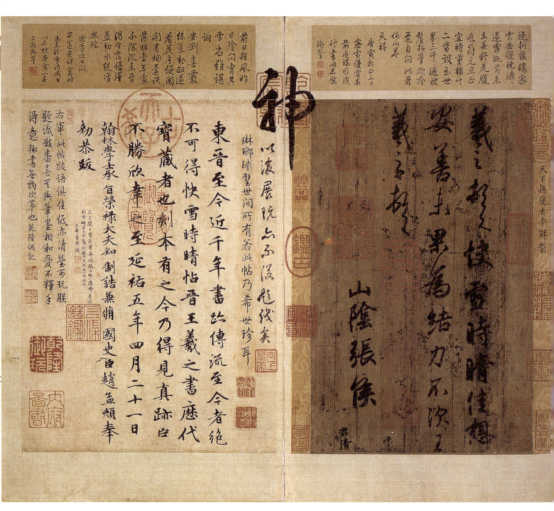

东晋王羲之《快雪时晴帖》（现藏于台北故宫博物院）

你也许会问：这里面长长短短地写了这么多字，哪止"二十八骊珠"啊？！其实，这里面只有一段是王羲之写给山阴张侯的信，你能找出来吗？

王羲之与"入木三分"

王羲之

成语"入木三分"现在常用来形容文字对某事物分析得深刻、透彻。但是这个词最初是用来形容王羲之的笔法的。传说东晋明帝有一次要去祭祀，让王羲之把祭文写在木制的祝板上，再派人雕刻。结果，雕刻师傅在雕刻的时候，却发现王羲之写字时的墨迹竟然渗到木板深处去了，要剔去三分厚才看到木头的原色。这说明王羲之的笔力遒劲，竟然都透了木头的三分。

其实也不难猜，我们前面说过，《快雪时晴贴》是王羲之写给山阴张侯的信，所以一定右边的是这幅咯！上面写的是：

羲之顿首快雪时晴佳想安善未果为结力不次王羲之顿首

山阴张侯

这幅作品的流传十分波折，几易其手，经过一千多年，才来到乾隆皇帝的皇宫中。热爱书法艺术的乾隆皇帝拿到这幅传世佳作，心情十分激动，不禁提笔写下"神乎技矣"这四个大字。此后的五十年间，他又陆陆续续在帖上题了七十多处。天一下雪，他就想起这幅字，有一年竟题了六次！他临摹这幅字，也临摹了有成百上千遍。晚年他视力不好的时候，还让人代他题字。

王献之与《中秋帖》

"书圣"王羲之一生有七个儿子，其中王献之最小，却最有才华。他从小就跟着父亲学习书法，表现出了极高的天赋。后人将王献之与父亲王羲之并称"二王"，说明他的书法水平比肩他的"书圣"父亲。

虽然从小跟父亲学，但他并没有成为"王羲之第二"，而是成了独一无二的王献之。他刻苦练字，在父亲的草书基础上创造了"一笔书"，一笔能写好多个字。

王献之还很擅长绘画。有一次，有人让他在扇子上写字，他挥笔便写。没想到，笔不小心碰到了扇子上，把写好的字给破坏了。他灵机一动，把墨迹改画成了带黑白点的母牛，非常巧妙。

王献之是个很有个性的艺术家。有一次，他练习书法太晚了，索性睡在书房里。半夜，有一群小偷悄悄潜入书房，把屋里的东西偷了个精光。正在小偷们偷得来劲儿的时候，王献之慢悠悠地说："偷儿啊，那条青毡是我家的传家之物，请你把它留下吧。"小偷们吓得一溜烟跑了。

这幅《中秋帖》共有 3 行，22 个字，上面写的是：
中秋不复不得相还即甚省如何然胜人何庆等大军
你能从这幅作品中看出"一笔书"吗？

东晋王献之《中秋帖》

  乾隆皇帝还在这幅作品的卷首写下"至宝"两个大字，以表示他对王献之书法的敬仰。他将《中秋帖》收藏在三希堂中，还在后面附上了绘画。但这幅作品是否真的出自王献之之手呢？后人还有争议，有的人认为这幅字所用的纸是竹料纸，东晋的时候还没有这种纸，而且从字迹运笔的特点看起来，似乎是用软毛笔写的，晋朝的毛笔吸水性较差，笔也比较硬，笔的提、按、转折没有那么自如，应当写不出这幅作品中圆润潇洒的字来。有人认为，这幅字其实是北宋著名画家、书法家米芾临摹的——如果是这样的话，这幅作品即便不是王献之的真迹，也绝对算得上"至宝"！

王珣与《伯远帖》

东晋的王家出了好多书法家，"三希"中的另一件稀世珍宝便出自一位叫作王珣的书法家之手，他是王羲之的堂侄。王羲之虽然被誉为"书圣"，可他的《快雪时晴帖》是否是后人临摹的，目前也存在争议。如今仍然能见到的晋人书法作品，只有陆机的《平复帖》和这幅王珣的《伯远帖》了。

王珣继承了父辈的书法技艺，从小刻苦练习，练就一手好书法，丝毫不逊色于他的叔父和堂兄。他的作品《伯远帖》曾被明代著名书法家董其昌收藏，董其昌评价它"潇洒古澹，东晋风流，宛然在眼"。后来乾隆皇帝收藏了这幅作品，在这幅作品上御题多处，还配上了枯枝文石的图画。

东晋王珣《伯远帖》

扫码开启故宫

互动体验游览

"大故宫，我来啦"

看视频
动画+实景演绎故宫原貌

寻找故宫建筑符号
神奇的脊兽

☑ 在线云游博物馆，足不出户赏文物

☑ 创建国宝档案，串起中国文明历史